Der Körper ist
der Übersetzer der Seele ins Sichtbare.

CHRISTIAN MORGENSTERN

Bessere Körpersprache – mehr erreichen

52 Tipps für nonverbale Kommunikation

MICHAEL MOESSLANG
DER HITCHCOCK DER PRÄSENTATION

Ein Taschenratgeber von Michael Moesslang

> **Bibliografische Information der Deutschen Nationalbibliothek**
> Die Deutsche Nationalbibliothek verzeichnet diese Publikation in
> der Deutschen Nationalbibliografie; detaillierte bibliografische
> Daten sind im Internet über http://dnb.d-nb.de abrufbar.

Die Deutsche Bibliothek – CIP Einheitsaufnahme
Moesslang, Michael
Bessere Körpersprache – mehr erreichen
52 Tipps für nonverbale Kommunikation
Augsburg, 2014
ISBN 978-3-7357-1867-9

Lektorat: Martina Dammrat, Köln
Cover: Michael Moesslang, Augsburg
Fotos: Reiner Pohl, München, www.pohlfoto.de
Layout und Satz: Michael Moesslang, Augsburg
Unterstützung: Con Kristan
Herstellung und Verlag: BoD - Books on Demand,
  Norderstedt, www.BoD.de

© 2014 Michael Moesslang, Augsburg,
  www.Michael-Moesslang.de
Alle Rechte vorbehalten. Vervielfältigung, auch auszugsweise,
nur mit schriftlicher Genehmigung des Autors.

www.besser-wirken.de
buch@moesslang.com

Inhaltsverzeichnis

Körpersprache mit Wirkung   Seite
1. Denn Sie wissen nicht, was Sie sagen   9
2. Ihr Körper spricht in Echtzeit   10
3. Stereotypen und Trends   11
4. Hoch- und Tiefstatus   12
5. Typisch Tiefstatus   13
6. Typisch Hochstatus   14
7. Körpersprache ist kein Dogma   15
8. Gute Gewohnheiten, schlechte Gewohnheiten   16
9. Professionelle Authentizität   17
10. Souveränität statt Lampenfieber   18
11. „Okay" – Erlernte lexikalisierte Gesten   19

Sichtbare Nervosität
12. Hörbar nervöses Stiftklicken   20
13. Sender einstellen und Finger ziehen   21
14. Hände in Unschuld waschen   22
15. Die kleinen Gesten des Pinguins   23
16. Schutz durch Anspannungen   24

Desinteresse zeigen
17. Versteckte Hände in Hosentaschen   25
18. Daumen schauen aus Hosentaschen   26
19. Daumen gewohnt eingehakt   27
20. Hände verbergen hinter dem Rücken   28
21. Eingestemmte Arme wirken aggressiv   29

Barrieren bauen
22. Gefechtsstand Rednerpult   30
23. Rednerpult als Stützhilfe   31
24. Verschränkte Arme: Ursache & Wirkung   32
25. Fingerknöchel rot/weiß   33
26. Das Leiden mit dem Notizblatt   34
27. Auch ein Stift kann Barriere sein   35

28. Ein unfairer Freistoß 36
Das Feigenblatt regt sich 36

Publikum abwehren
29. Publikum abwehren und wegdrücken 37
30. Die unfreundliche Krake 38
31. Halt! So nicht! 39
32. Zwei Fäuste für ein Halleluja 40
33. Ihr Publikum klein halten 41

Böse Finger
34. Der Oberlehrer-Zeigefinger 42
35. Mit dem Zeigefinger abgeschossen 43
36. Smith & Wesson oder Magnum? 44
Pistolen im Halfter 44
37. Pipi-Pistole oder der Penisneid 45
38. Wenn der Stift zur Waffe wird 46

Beten & Co.
39. Dagobert und das Hackebeil 47
40. Markenzeichen Merkel'sches Dach 48

Verräterische Füße
41. Zeigt her euren Ausstellfuß 49
Ausgedrehter Fuß 49
42. Ein Bremsfuß wehrt ab 50
43. Wie einst David: Stand und Spiel 51
44. Die verklemmte Pipi-Haltung 52

Souveräne Haltung und Hände
45. Fester Standpunkt auf beiden Beinen 53
46. Hände in passiven Phasen 54
47. Grundhaltung aktive Hände 55
48. Klatschende Hände 56
49. Die zweieinhalbste Grundhaltung 57
50. Souveräne und offene Gestik 58
51. Große Gesten überzeugen 59
52. Große Gesten lange stehen lassen 60

Vorwort

„Halt Dich gerade!" „Zapple nicht so rum!" „Sitz still!" „Mach nicht so einen Buckel!" „Nimm die Hände aus den Hosentaschen!" – Haben auch Sie sich solche Sprüche Ihrer Eltern anhören dürfen?

So nervig sie gewesen sein mögen, dahinter lagen nicht (nur) orthopädische Ziele. Und nicht alle Sprüche waren gleich hilfreich. Noch früher wurde sogar trainiert mit einem Buch auf dem Kopf gerade zu gehen! Heute wird das nur in die Model- oder Butler-Ecke gesteckt.

Doch nein! Es ist tatsächlich entscheidend, wie Ihre Haltung ist und was Sie mit Ihren Händen und Füßen machen. Halten Sie einen Moment inne und nehmen Sie Ihren Körper wahr. Wie halten Sie sich? Denn auch wenn Sie jetzt nur lesen – vielleicht alleine im Raum sind – Ihre Körpersprache ist nie Zufall.

Die meiste Zeit ist Ihnen vermutlich kaum bewusst, was Ihr Körper da spricht. Dieser Taschenratgeber ist vor allem für eine Situation gedacht, in der sich viele dieselbe Frage stellen. „Wohin mit meinen Händen?" Reden, Präsentationen, das Auftreten vor Gruppen sind Situationen, in denen Sie sich vermutlich bewusst um Ihre Körpersprache sorgen, zumindest kurz.

Vieles überlassen wir dem Zufall. Vieles auch den Gewohnheiten. Doch andere lesen Sie – und Sie verraten manchmal unfreiwillig, wie es Ihnen geht oder was Sie denken. Oder Sie merken gar nicht, wie sehr Sie Ihre eigene Aussage abschwächen oder gar ins Gegenteil verkehren, weil die Gestik nicht dazu passt.

Einige hilfreiche Tipps sind bereits in den ersten beiden Büchern aus der selben Reihe enthalten (s. u.). Ich lege Ihnen diese Ratgeber ergänzend ans Herz.

Da es nahezu unmöglich ist, alle Anregungen sofort in die Tat umzusetzen, empfehle ich Ihnen, jede Woche einen Tipp auszuprobieren. Dann haben Sie binnen eines Jahres nicht nur viele Tipps kennengelernt, sondern diese auch mühelos im Alltag integriert.

Ich wünsche Ihnen dabei viel Erfolg und stets eine wirkungsvolle Körpersprache.

Ihr *Michael Moesslang*
DER HITCHCOCK DER PRÄSENTATION

Web-Site des Autors: **www.Michael-Moesslang.de**
Web-Site zur Reihe: **www.besser-wirken.de**

Weitere Bücher des Autors:
Besser wirken – mehr erreichen
BoD, ISBN 978-3833450990, 4,95 €
Besser präsentieren – mehr erreichen
BoD, ISBN 978-3837041279, 6,95 €
So würde Hitchcock präsentieren – Überzeugen Sie mit dem Meister der Spannung, Redline, 17,99 €
Professionelle Authentizität – Warum ein Juwel glänzt und Kiesel grau sind, Gabler, 34,95 €

1. Denn Sie wissen nicht, was Sie sagen

Es sind 10 000 verschiedene Gesichtsausdrücke registriert und der Körper kann ein Vielfaches dessen ausdrücken. Der Begriff „Ausdruck" zeigt: Wir drücken damit Gefühle, Gedanken und Absichten aus. Doch wissen Sie immer genau, was Ihr Körper spricht?

Ihre Worte dagegen sind Ihnen normalerweise bewusst. Woran liegt das? Es hat damit zu tun, dass Sprache jung und anstrengend ist. Die Menschheit ist knapp 6 Millionen Jahre alt. All die Zeit waren wir Körpersprecher. So wie Hunde, Katzen und andere Tiere. Sprache dagegen kam erst viel später.

Wenn Sie alle Seiten dieses Buches nebeneinander legen, ergibt dies ca. 4 Meter. Wenn das 6 Mio. Jahren entspricht, ist Sprache im Vergleich nur 2 mm alt. 30 000 bis 40 000 Jahre vermuten Wissenschaftler.

Sprache müssen wir lernen, die des anderen sprechen. Aussprache und Grammatik spielen eine Rolle. Und wir reden oft trotz korrekter Sprachregeln aneinander vorbei! Sprache ist anstrengend und erfordert einen großen Teil unserer Konzentration. Körpersprache dagegen ist längst in Fleisch und Blut übergegangen, wird unbewusst gesprochen und verstanden.

Sie wird also nicht missachtet, sondern unbewusst immer gelesen. Deshalb ist sie sogar wichtiger als die Worte. Sie etwas bewusster zu sprechen und zu lesen bringt Ihnen enorme Vorteile.

2. Ihr Körper spricht in Echtzeit

Bestimmt haben Sie auch schon so Sprüche gehört wie: *„Der Körper sagt immer die Wahrheit!"* oder: *„Lügen kann man an der Körpersprache erkennen."* Das stimmt so nicht. Zumindest ist es nur ein Teil der Wahrheit.

Selbst die besten Profis können nur bis zu 90 Prozent aller Lügen entlarven. Wenn man davon ausgeht, dass nur ein kleiner Teil unserer Lügen absichtlich zur Täuschung eingesetzt werden, ist das recht wenig. Und die einfachen Lügen des Alltags (*„Wie geht's?" – „Danke, prima!"*) kann oft jeder Laie erkennen.

Trotzdem zeigt Ihr Körper sehr viel darüber, wie es Ihnen geht. Nichts an Ihrer Körpersprache ist Zufall. Jedes Signal hat eine Ursache. Es müssen allerdings Gewohnheiten, geübte und bewusste Signale berücksichtigt werden. Dann zeigt Ihr Körper immer noch nicht eindeutig eine Lüge an. Nur ob Sie unsicher sind, zweifeln, aufgeregt sind oder ob es Ihnen gut geht.

Körpersprache zeigt immer in Echtzeit Ihre Gefühle, Gedanken und Absichten an. Und das ist längst nicht immer ganz eindeutig von anderen zu verstehen. Doch je genauer Ihr Gegenüber darauf achtet, desto mehr verrät Ihre Körpersprache.

> **Körpersprache zeigt immer in Echtzeit Ihre Gefühle, Gedanken und Absichten.**

Ihr Körper verrät immer mehr, als Sie vermuten!

3. Stereotypen und Trends

Körpersprache ist natürlich und – bis auf kulturell geprägte Zeichen – weltweit ähnlich. Gibt es also keine Trends? Doch, denn auch Vorbilder, Medien und die Gesellschaft prägen uns.

Heute gilt in unserem Kulturkreis nicht mehr der feine Herr als normal, der sich im perfekt sitzenden Anzug und in gerader Haltung dezent bewegt. Heute gilt der coole Typ im lässigen Outfit als normal, der Anzugträger ist nur noch einer von „denen da oben". Das ist Trend – und gefährlich! Denn das führt zu einer entsprechend lässigen Körpersprache (sie drückt den sogenannten Tiefstatus aus, siehe nächste Seite), die gleichzeitig Einbußen an Respekt, Autorität, Kompetenz und Glaubwürdigkeit nach sich zieht.

Körpersprache ist universell und von Dauer.

Wer die richtige Wirkung passend zu jeder Situation erzeugen will, sollte die Fallen und die No-Gos kennen und wissen, wie Haltung, Hände und Füße perfekt eingesetzt werden. Denn es gibt keine zweite Chance für den ersten Eindruck und auch nicht für die nonverbale Kommunikation zum Wort.

4. Hoch- und Tiefstatus

Der britische Dramaturg Keith Johnstone hat die Begriffe des Tief- und des Hochstatus eingeführt. In der Schauspielerei sind Figuren meist klar definiert, im Leben wechseln wir je nach Gesprächspartner und Situation oft im Minutentakt.

Wer im Tiefstatus ist, zeigt sich unterwürfig. Er/Sie will geliebt werden. Das ist lässig und macht oft sympathisch. Wer im Hochstatus ist, erwartet Respekt und tritt dominant auf. Das ist nicht immer beliebt, aber auch nicht automatisch unsympathisch. Nur wer selbstsicher ist und Hochstatus beherrscht, kann situativ richtig wählen und so in jeder Situation gewinnen.

Die Welt ist eine Bühne – das Leben ist ein Spiel.

Grundvoraussetzung ist also ein ausreichendes Maß an Selbstsicherheit. Die gute Nachricht dabei ist, dass sich nicht nur die Selbstsicherheit in der Körpersprache zeigt, sondern dass durch eine bessere Körpersprache auch die Selbstsicherheit wächst.

Denn erkennt jemand Ihre Unsicherheit, kann Sie das in kritischen Situationen Ihre Überzeugungskraft kosten. Wir verbinden mit sicherem Auftreten nämlich weitere Eigenschaften wie Kompetenz, Glaubwürdigkeit und oft sogar Sympathie (Halo-Effekt). Übertriebene oder merklich gespielte Selbstsicherheit wirkt dagegen abgehoben oder arrogant.

5. Typisch Tiefstatus

Das Ziel des Tiefstatus-Spielers ist Zuneigung. Was nicht heißt, dass er immer sympathisch ist. Wir wechseln manchmal innerhalb eines Gesprächs mehrmals zwischen den beiden Status. Unsichere Menschen sind häufig im Tiefstatus. Das ist nicht per se schlecht. Schließlich hat der Tiefstatus keinerlei Ambitionen auf Macht oder Dominanz. Bei zu viel Tiefstatussignalen nehmen wir die Person jedoch nicht mehr ernst. Die Überzeugungskraft kann in jedem Fall darunter leiden.

Tiefstatus erkennen Sie beispielsweise an:

- Haltung weich und krumm
- Hält sich am Rand auf, hält Abstand
- Sitzt verklemmt auf Stuhlkante, Füße unter Sitzfläche
- Macht sich klein, sitzt in der Ecke
- Hektische, unbedachte oder wenig Gestik
- Spricht leise, schnell, benutzt Füllwörter
- Stimme wird höher bei Angriff
- Weicht Blick aus, schaut zu Boden, unruhiger Blick
- Lässt sich unterbrechen
- Lacht hektisch: „hihi", kichert
- Antwortet übereilt, rechtfertigt, entschuldigt sich
- Jammert, sieht gerne Probleme, verkennt Wichtiges
- Berührt Stärkere nicht
- Verlegenheitsgesten, z. B. durch die Haare streichen
- Lässt sich leicht verunsichern
- Fragt statt zu entscheiden
- Redet sich klein, andere groß

6. Typisch Hochstatus

Das Ziel des Hochstatus-Spielers ist Respekt zu bekommen. Dazu spielt er zweitweise Dominanz aus, was ihn nicht immer sympathisch macht. Allerdings ist er auch nicht per se unsympathisch, wie ihm manchmal unterstellt wird. Ihm wird Beachtung geschenkt und er setzt sich leichter durch, auch wenn er nicht zur Macht-Keule greift. Ist er selbstsicher, kann er geschickt zwischen den beiden Status wechseln.

Hochstatus erkennen Sie beispielsweise an:
- Haltung aufrecht und gerade
- Richtet sich auf, nutzt höhere Position (z. B. auf Treppe), nimmt Mitte ein
- Raumeinnehmend; ruhige, bewusste Schritte
- Sitzt breit, Füße fest am Boden
- Ruhige, bewusste, große Gestik
- Spricht laut oder sehr leise
- Stimme wird ruhiger bei Angriff
- Fester Blick, kein Sicherheitsblick
- Lässt sich nicht unterbrechen, unterbricht andere
- Lacht laut: „Ha-Ha!"
- Antwort langsam und bedacht
- Sieht Chancen, hat Antworten, erkennt Prioritäten, bleibt bei Problemen gelassen
- Fragt aus Neugier, führt fragend
- Übertrumpft Vorredner mit noch großartigerer Geschichte
- Dominanz-Berührungen
- Berührt sich selbst nicht oder besonders deutlich
- Redet sich groß, andere groß oder klein

7. Körpersprache ist kein Dogma

Körpersprache ist zwar global fast gleich und doch sehr individuell. Was beim einen hervorragend wirkt, passt zum anderen gar nicht. Ist dann so ein Ratgeber überhaupt gerechtfertigt und sinnvoll? Ja, denn für die meisten gilt das hier Gesagte als Verbesserung.

Die Ausnahmen finden Sie bei vielen großen Rednern und Bühnenmenschen. Ob Politiker wie Merkel und Obama, Wirtschaftsgrößen wie Zetsche und der verstorbene Jobs, Moderatoren wie Gottschalk und Raab – sie alle weichen vom „Ideal" immer wieder ab. Sie haben sich aber längst eine Persönlichkeit und ein Image geschaffen, wie es die meisten von uns sich noch längst nicht erlauben können.

Nehmen Sie das also nicht als Ausrede, die Perfektion nicht anzustreben. Man muss die Regeln erst beherrschen, bevor man sie brechen darf.

All die Tipps, die ich Ihnen in diesem Buch gebe, habe ich in der Praxis selbst getestet. Bei meinen eigenen knapp 1500 Vorträgen und Präsentationen und bei meinen Tausenden von Teilnehmern, die ich beobachtet habe und die Feedback von mir bekommen haben. Es war nicht einer dabei, dem die Tipps nicht geholfen hätten.

Jede Verbesserung Ihrer Körpersprache macht es Ihnen leichter im Leben. Sie werden positiver bei den Menschen ankommen und sie leichter für sich gewinnen.

8. Gute Gewohnheiten, schlechte Gewohnheiten

Alles was Sie tun, hat mit Ihren Gewohnheiten zu tun. Jeder Mensch hat andere Gewohnheiten, was bei der Beurteilung seiner Körpersprache berücksichtigt werden muss.

Was aber viel wichtiger ist, ist Ihre für Sie typische Art zu gehen, stehen, sitzen, sprechen, Mimik und Hände einzusetzen, zu lächeln und Blickkontakt zu halten. Gewohnheiten sind nicht immer gut. Wenn Ihre Gewohnheiten eher Tiefstatus ausdrücken in Situationen, in denen Hochstatus nötig ist oder Ihnen Hochstatus zumindest situativ helfen würde, dann sollten Sie an Ihren Gewohnheiten arbeiten.

> **Gewohnheiten können Sie ändern – so entstehen besseres Auftreten und Überzeugungskraft.**

Das ist sowieso das, worum es beim Verbessern der Körpersprache geht. Sie werden nie bewusst Ihren Körper kontrollieren können (und das wäre auch fatal!). Sie können aber Ihre Gewohnheiten so verbessern, dass Ihr Körper automatisch das Richtige macht und Sie dabei ein gutes Gefühl haben.

Das hat auch mit Authentizität zu tun – siehe Den folgenden Tipp auf der rechten Seite.

9. Professionelle Authentizität

Die klassische Ansicht, wenn es darum geht, authentisch zu bleiben, ist so zu bleiben, wie man ist. Das setzt aber voraus, dass alles optimal ist. Sehr unwahrscheinlich.

Die klassische Definition von Authentizität ist: *„Alles Handeln kommt aus der Person selbst und orientiert sich weder an Erwartungen anderer noch an Zielen."* Klingt gut, bedeutet aber auch, dass Sie Ihre schlechte Laune oder schlechten Gewohnheiten zeigen. Das ist dann authentisch, bringt Sie aber nicht zu Ihren Zielen.

> **Sie brauchen keine Authentizität, sondern „Professionelle Authentizität".**

Deshalb habe ich den Begriff der **Professionellen Authentizität** geprägt (siehe das gleichnamige Buch). Dabei geht es darum, dass Sie die richtigen Gewohnheiten in Bezug auf Auftreten, Verhalten etc. entwickeln. Und das so konsequent, dass es perfekt authentisch wirkt.

Dann wirken Sie echt, fühlen sich wohl und erreichen mehr, weil Sie besser ankommen und die Menschen für sich gewinnen.

10. Souveränität statt Lampenfieber

Selbstbewusstes Auftreten wirkt immer besser als unsicheres, oder gar einen auf Opfer zu machen. Nur, wie geht das? Wie kann man selbstsicherer werden?

Fast jeder Mensch, den ich kennengelernt habe, leidet – zumindest in bestimmten Situationen – unter Unsicherheit oder gar Nervosität und Lampenfieber. Viele Bücher beschäftigen sich mit diesem Thema.

Durch Körpersprache kann jeder selbstsicherer werden.

Selbstsicherer zu werden hat mit mentalen Techniken zu tun (einige habe ich in meinen Büchern beschrieben), mit Glaubenssätzen über sich selbst und mit Auftreten. Denn wer selbstsicher wirkt, bekommt von seinem Umfeld etwas anderes gespiegelt als der, der unsicher wirkt. Das wiederum bestärkt die Selbstsicherheit.

In psychologischen Bereichen spricht man vom „Als-Ob-Rahmen". Dabei tut man so, als ob man selbstsicher wäre und nutzt so den oben genannten Effekt. Relativ schnell fühlt man sich dann tatsächlich immer sicherer. Die Tipps in diesem Buch dienen dazu, dieses selbstsicher wirkende Auftreten zu erreichen. Aus der eigenen Erfahrung und der meiner vielen Teilnehmer an Seminaren und in Coachings kann ich bestätigen: Es geht leichter, als sich die meisten vorher vorstellen können. Egal. ob Sie schon ein relativ hohes Niveau haben oder sich noch sehr unsicher fühlen.

11. „Okay" – Erlernte lexikalisierte Gesten

Körpersprache ist weltweit sehr ähnlich. Eine Ausnahme sind die sogenannten lexikalisierten Gesten. Das ist Zeichensprache, die erlernt werden muss und die meistens nur in einem bestimmten Kulturkreis bekannt ist. Im Grunde hat Sie nichts mit der eigentlichen Körpersprache zu tun. Doch kann es natürlich zu Verwechslungen vor allem im internationalen Kontext führen.

Ein Beispiel ist der Facebook-Daumen. In weiten Teilen der westlichen Kultur bedeutet er etwas positives wie „*Okay*". In Japan dagegen steht er für den Mann oder die Fünf. In Russland, Australien und vielen Mittelmeerländern ist er sogar eine sexuelle Beleidigung ähnlich unserem Mittelfinger. Solche unterschiedlich besetzten Zeichen gibt es sehr viele.

Achten Sie auf mögliche Bedeutungen der Zeichen in anderen Kulturen.

Auch innerhalb eines Kulturkreises gibt es oft unterschiedliche Bedeutungen. So heißt das Zeichen auf dem Foto für Taucher und viele andere „*Okay*". In bestimmten Situationen ist es jedoch der recht unfreundliche „Autofahrergruß".

12. Hörbar nervöses Stiftklicken

Vermutlich ist es Ihnen unangenehm, wenn Ihre Nervosität zu sehen ist. Nicht, dass es in jeder Situation schlimm wäre, nervös zu sein. Schließlich geht es fast jedem so, und daher haben die Zuhörer meist Verständnis. Sichtbare Nervosität kann jedoch auch so wirken, als wären Sie selbst nicht von Ihrer Botschaft überzeugt. Das führt beispielsweise dazu, dass sich Zuhörer in kritischen Situationen eher trauen, Sie verbal anzugreifen. Zudem sinkt Ihre Überzeugungskraft. Deshalb sollten Sie Unsicherheitssignale möglichst vermeiden.

Es gibt Menschen, die empfehlen gegen Nervosität beim Präsentieren einen Stift in die Hand zu nehmen. Das halte ich für vollkommen falsch! Meist wird der Stift schnell zum Spielzeug und womöglich mit laut hörbarem Klicken ein- und ausgeschaltet. Oder die Kappe auf- und zugemacht. Dadurch wird Ihre Nervosität erst richtig sichtbar. Das zeigt nicht nur Ihre Unruhe, das Geräusch nervt auch Ihr Publikum. Und übrigens: Wetten, dass Sie selbst es nicht einmal merken? Lassen Sie also den Stift unbedingt liegen! Gegen Nervosität gibt es andere Techniken (siehe mein Buch **Professionelle Authentizität**). Und eine sichere Körpersprache hilft auch dagegen.

13. Sender einstellen und Finger ziehen

Eine sehr beliebte Art, Nervosität zu zeigen, ist auch das Spielen mit Fingern oder Schmuck. Sollten Sie einen Ring tragen, versuchen Sie nicht damit einen – nicht existierenden – Radiosender einzustellen. Wenn Sie dazu neigen, legen Sie den Ring ab.

Auch sind Ihre Finger fest angewachsen. Jegliche Versuche, diese abzuschrauben oder abzuziehen scheitern. Das garantiere ich Ihnen!

> Viele Ihrer Bewegungen passieren unbewusst.

Derartige Bewegungen laufen normalerweise vollkommen unbewusst ab. Achten Sie deshalb bewusst darauf, was Ihre Finger in solchen Momenten machen. Nehmen Sie sich dazu beispielsweise mit Video auf, um Ihre „Marotten" zu erkennen.

14. Hände in Unschuld waschen

Pontius Pilatus' Spruch, nachdem er seine Hände in Unschuld gewaschen hat, ist sicher unpassend in Präsentationen. Immer wieder erlebe ich, wie Hände gerieben und scheinbar gewaschen werden. Auch das sind Zeichen von Unruhe.

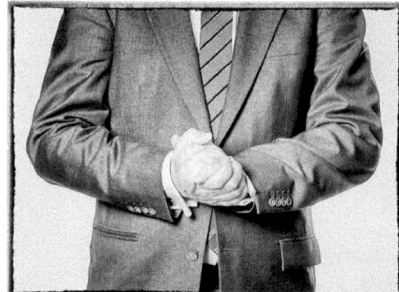

Wenn Sie jung und unerfahren sind, wird jeder Verständnis für Ihr Empfinden haben. Einem erfahrenen Chef oder Repräsentanten des Unternehmens darf Unsicherheit jedoch nicht anzumerken sein. Schätzen Sie sich und Ihre Position selbst ein!

Nicht jedem darf man Unsicherheit anmerken.

Souverän zu wirken ist nicht nur in jedem Fall besser, sondern auch für Sie selbst angenehmer.

Übrigens kann „Händewaschen" auch ein Zeichen von Freude oder Aufbruch sein.

15. Die kleinen Gesten des Pinguins

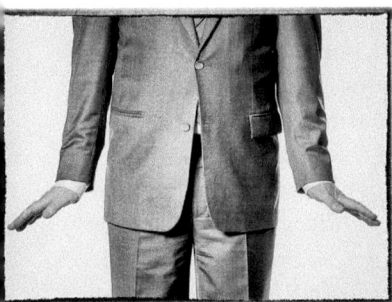

Wer von seiner Meinung überzeugt ist, unterstreicht dies mit deutlicher und raumgreifender Gestik. Überzeugungskraft und Glaubwürdigkeit steigen tatsächlich mit Größe und Häufigkeit der Gesten. Das gilt zumindest laut Studien im Normalfall.

Wer unsicher ist, nimmt jedoch gerne eine Schutzhaltung ein und dabei die Arme eng an den Körper. Darunter leidet die Gestik. Sie ist dann fast immer kleiner als in anderen Situationen. Darüber hinaus haben einige Menschen ganz allgemein zu wenig oder zu kleine Gestik.

> Unsicherheit führt zu Schutzhaltung und zu zu schwacher Gestik.

Eine erheiternde Folge ist der sogenannte Pinguin: Die Grundhaltung sind dabei hängende Arme. Dann fangen die Hände mehr und mehr an, kleine, kurze Gestik auszuführen. Das wirkt dann wie der Flügelschlag eines Pinguins. Das sieht recht lustig aus!

16. Schutz durch Anspannungen

Wie schon beschrieben, führt Unsicherheit zu einer Schutzhaltung. Verschiedene Muskeln werden angespannt, weil in einer Gefahrensituation damit eine schnellere Reaktion möglich ist und sogar Schläge leichter zu ertragen sind. Diese archaische Reaktion ist in einer Präsentation unsinnig. Sie werden wohl kaum mit Schlägen rechnen müssen. Trotzdem reagieren wir in Lampenfieber-Situationen häufig mit Anspannungen. Schultern werden hochgezogen, Arme unnatürlich verdreht und Bewegungen steif.

Sogar das Zwerchfell wird angespannt und führt so zu falscher Brustatmung und damit zu Kurzatmigkeit.

Anspannung ist sichtbar und beeinflusst Ihr Befinden.

Achten Sie auf eine entspannte Haltung. Zugleich ist eine gute Körperspannung im Rücken und in der Gestik wichtig. Also: Entspannung *und* Körperspannung! Machen Sie gegebenenfalls vor Ihrem Auftritt Übungen zur Entspannung oder gegen Lampenfieber.

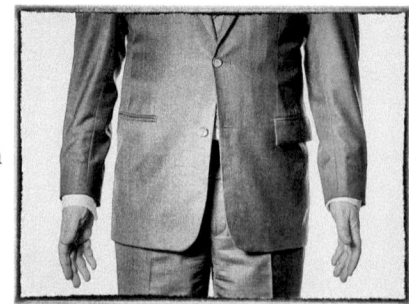

17. Versteckte Hände in Hosentaschen

Nicht nur Forscher empfehlen aus mehreren Gründen, die Hände *nicht* in die Hosentaschen zu stecken. Ich selbst habe schon häufig Publikum befragt: 80 Prozent der Menschen empfinden es als sehr unangenehm, wenn der Redner eine oder beide Hände in der Hosentasche hat. Für viele ist es sogar eine Respektlosigkeit!

Das gilt für Deutschland und Österreich. In südlicheren Kulturen ist es definitiv eine Respektlosigkeit oder gar Beleidigung.

Hände raus aus den Taschen, das ist respektlos!

Weitere Gründe, die Hände nicht in die Taschen zu stecken, sind die reduzierte Gestik und die unschön ausgebeulten Hosen und faltigen Jacketts. Diese Haltung kann je nach Situation zeigen, dass dieser Mensch sich so sicher fühlt, dass er die Hände nicht zur Abwehr braucht. Die daraus resultierende Annahme mancher Führungskräfte, das sei ein Ausdruck von Überlegenheit und Macht, ist jedoch falsch. Es kann sogar ein deutliches Zeichen von Verlegenheit sein, die Hände so zu verstecken.

18. Daumen schauen aus Hosentaschen

Es gibt zwei unterschiedliche Interpretationen, wenn die Hand nicht ganz in der Tasche verschwindet.

Der Daumen steht für Dominanz. Wenn also die Finger eingesteckt werden und der Daumen herausschaut, ist das die vermeintlich dominantere Variante. Sie soll wohl „cool" wirken. Denn der Daumen bleibt sichtbar.

> Versuchen Sie nicht „cool" zu wirken, das ist unangemessen und unerwachsen.

Das Problem mit „cool" ist, dass es eher Ausdruck jugendlicher Selbstfindung ist, der Versuch, tatsächliche Unsicherheit durch diese Körpersprache zu überspielen. Wenn es Erwachsene machen, wirkt es entsprechend lächerlich und wenig erwachsen.

19. Daumen gewohnt eingehakt

Die zweite Variante ist, wenn der Daumen eingehakt wird. Jetzt ist ausgerechnet der dominanteste Finger versteckt und Unsicherheit wird noch stärker demonstriert. Allerdings bestimmt nicht absichtlich, sondern aus Verlegenheit.

Oder machen Sie das aus der Unkenntnis, wohin mit den Händen? Dazu gebe ich Ihnen die Lösung ab Seite 53, Tipp 45. Oder machen Sie es aus Gewohnheit? Dann sollten Sie sich schnell neue, bessere Gewohnheiten zulegen!

Körpersprache hat sehr viel mit Gewohnheiten zu tun. Leider nicht immer mit den besten. Durch bewusstes Üben können Sie sich aber bessere Gewohnheiten antrainieren. Der Nebeneffekt ist sogar, dass Sie sich mit den „richtigen" Gesten und „perfekter" Haltung besser fühlen. Anführungszeichen deshalb, weil es immer auch Faktoren gibt, in der eine andere Gestik oder Haltung durchaus passend sein kann. Die Situation, der inhaltliche Kontext und Ihre Persönlichkeit und Beziehung zueinander sind solche Faktoren.

20. Hände verbergen hinter dem Rücken

Könige und Staatsoberhäupter schreiten in der sogenannten Königshaltung die Ehrenformation ab. Da seitlich womöglich ein Säbel an der Uniform baumelt und somit für die Hände kein Platz ist, nimmt das Oberhaupt sie deshalb auf den Rücken. Er zeigt, dass er keinen Gebrauch von seiner Waffe machen wird.

Ihre Hände sollten immer sichtbar sein!

In allen anderen Situationen ist diese Haltung sehr passiv und meistens sogar für ihr Gegenüber unangenehm. Da Ihre Hände nicht sichtbar sind, entsteht der Eindruck, Sie hätten etwas zu verbergen und meinen es nicht ehrlich.

Zeigen Sie Ihren Gesprächspartnern und Zuhörern möglichst immer Ihre beiden Hände. Machen Sie ausreichend Gesten, wenn Sie sprechen (aktiv), und legen Sie sie entspannt ab, wenn Sie zuhören (passiv). Hinweise dazu ab Seite 54, Tipp 46.

21. Eingestemmte Arme wirken aggressiv

Ebenfalls an den militärischen Bereich erinnert diese eher aggressive Geste auf dem Bild. Sie wird als die Haltung eines Ausbilders im Boot-Camp angesehen. Widerspruch zwecklos oder gar verboten!

Zumindest wirkt Sie wenig freundlich. Auch wenn wieder Mal der Grund sein sollte, dass die Hände dort eingestemmt werden, weil Sie nicht wussten, wohin sonst damit: Vermeiden Sie diese Haltung, es sei denn Sie wollen bei Ihrem Publikum bewusst wie der strenge Ausbilder wirken.

Eingestemmte Arme wirken aggressiv, ungeduldig oder sehr dominant.

22. Gefechtsstand Rednerpult

Ungeübte Redner nutzen gerne ein Rednerpult und lesen von einem Manuskript ab. Bewusst oder unbewusst wollen sie sich vor allem dahinter verstecken. Das wirkt dann wie ein Soldat hinter einem Gefechtsstand.

Wo immer Sie Barrieren zwischen sich und dem Publikum vermeiden können, tun Sie das! Je weniger Barrieren, desto eher entsteht der so wichtige Kontakt zwischen Ihnen und Ihren Zuhörern. Jede Barriere schafft Distanz.

> **Große und kleine Barrieren schaffen Distanz.**

Ein Rednerpult sorgt außerdem dafür, dass Ihre Körpersprache nur noch zu einem kleinen Teil wahrgenommen werden kann. Das mindert Ihre Wirkung.

Dass Politiker oder Vorstände bei der Hauptversammlung hinter einem Rednerpult stehen, hat andere Gründe. Das hat mit der Notwendigkeit von Fernsehmikrofonen, starrer Beleuchtung und Redemanuskripten zu tun. Mit heutiger Technik wie Teleprompter und computergesteuerter Beleuchtung wäre das zwar auch ohne Pult zu lösen, doch so flexibel scheint man im Bundestag noch nicht zu sein.

23. Rednerpult als Stützhilfe

Eingestemmte Arme können beim Sprechen Hinter einem Rednerpult durchaus durch das Aufstemmen auf dem Pult ersetzt werden. Wirkt fast genauso aggressiv und in jedem Fall unsicher. Zudem wandern Schulterpolster eines Jacketts fast auf Ohrhöhe und dienen so als Schallschutz.

Sollten Sie doch einmal am Rednerpult sprechen müssen, so stehen Sie unbedingt frei und legen die Hände höchstens locker auf (besser Sie machen permanent Gesten). Halten Sie sich nie am Rednerpult fest, lehnen Sie sich keinesfalls dagegen und stemmen Sie nicht die Arme auf wie auf diesem Bild.

Ein Rednerpult dient als Auflage fürs Manuskript, nicht als Ihre Stütze!

24. Verschränkte Arme: Ursache & Wirkung

Wer kein Rednerpult zur Verfügung hat, schafft sich schon Mal (unbewusst) Distanz, indem er die Arme verschränkt.

Naja, es gibt viele Gründe, die Arme zu verschränken. Es ist nicht immer ein Zeichen von Distanziertheit oder Verschlossenheit. Die Ursache könnte auch Kälte, Schutz, Gewohnheit und dadurch entstandene Bequemlichkeit oder etwas ganz anderes sein.

> Die Ursache einer Geste und Ihre Wirkung sind nicht immer gleich.

Doch bedenken Sie, dass es verschlossen oder gar arrogant wirkt, wenn Sie so vor Ihrem Publikum stehen. Deshalb vermeiden Sie es besser, auch wenn es Ihnen womöglich kalt ist.

25. Fingerknöchel rot/weiß

Als kleinere Variante der verschränkten Arme könnte man die verschränkten Hände bezeichnen. Naja, die Ursachen mögen andere sein, auch die Wirkung ist nicht ganz so negativ. Trotzdem: Sie schränken Ihre Gestik ein, wenn Sie die Finger verschränken, weil sich Ihre Hände quasi gegenseitig festhalten. Außerdem wirkt es ein wenig, als würden Sie beten.

Pressen Sie womöglich noch die Finger zusammen, laufen Ihre Pommes, äh, Fingerknöchel rot und weiß an. Das wirkt auf Ihr Publikum nervös, angespannt und verkrampft.

**Beten Sie nicht, dass es gleich vorüber ist.
Und lassen Sie die Hände frei für Gestik.**

Vollkommen unbewusst zeigen Sie womöglich noch den „Igel": Dabei spreizen sich Ihre Finger, ohne dass Sie die Handflächen lösen. Das ist ein sicheres Signal dafür, dass Ihnen gerade etwas unangenehm ist. Womöglich eine Reaktion Ihres Publikums oder ein Gedanke, der Ihnen durch den Kopf schießt.

26. Das Leiden mit dem Notizblatt

Gerade Anfänger fragen mich oft, ob Sie ein Notizblatt in die Hand nehmen dürfen. Schließlich machen es die Profis vom Fernsehen doch auch. Stichworte verleihen zudem Sicherheit.

Wie wirkt ein Redner mit Notizkarten? Als kenne er sich nicht ausreichend aus! Nicht immer ist es ganz so schlimm. Viele haben Verständnis, dass man seine Stichpunkte parat hat. Doch sind Karten eine Barriere. Sie sorgen zusätzlich dafür, dass Sie kaum noch Gesten machen werden. Sollten Sie zittern, sieht man das deutlich durch das mitzitternde Blatt.

Die Alternative ist, dass Sie sich die Karten zwar schreiben (max. Postkartengröße), jedoch auf den Tisch legen. Sollten Sie wirklich einen Hänger haben, können Sie nun kurz nachsehen und die Karten wieder ablegen. Ihre Hände sind frei für Gestik.

Die im Fernsehen machen das übrigens aus einem bestimmten Grund: Große Gesten würden das Format des Bildschirms verlassen. Deswegen vermeiden sie bewusst Gestik. Das ist aber nur bei Film und Fernsehen sinnvoll. Auf Ihrer normalen Präsentationsbühne ist Gestik sehr wichtig und sollte auch groß sein.

27. Auch ein Stift kann Barriere sein

Häufig wird ein Stift in der Hand gegen Nervosität empfohlen. Das ist dumm! Auch dieser Stift wirkt wie eine kleine Barriere. Und er schränkt Ihre Gestik ein. Lassen Sie Stifte immer liegen und nehmen Sie sie nur dann zur Hand, wenn Sie wirklich schreiben.

Dann allerdings sollten Sie sowieso nicht sprechen. Denn die Regel lautet:

1. Aufhören zu sprechen
2. Stift nehmen
3. Schreiben/zeichnen
4. Stift weglegen
5. Kontakt zum Publikum aufnehmen
6. Erst dann wieder sprechen

Ebenso nehmen manche eine Fernbedienung (Presenter) quer in beide Hände. Natürlich können Sie oft auf eine Fernbedienung nicht verzichten. Sie hat viele Vorteile gegenüber der Methode, jedes Mal zum Laptop zu gehen und klicken. Doch bitte nehmen Sie die Fernbedienung nicht als Barriere quer. Sie gehört in Ihre passive Hand. Für Rechtshänder also in die linke. Und da bleibt sie. Sie sollte auch so klein sein, dass sie Ihre Gestik nicht beeinträchtigt und nicht als Barriere oder Spielzeug verwendet wird.

28. Ein unfairer Freistoß

Eine ziemlich schüchterne und unsicher wirkende Haltung ist die, die Hände vor den Schritt zu nehmen. Ich nenne sie Freistoß- oder Beerdigungshaltung.

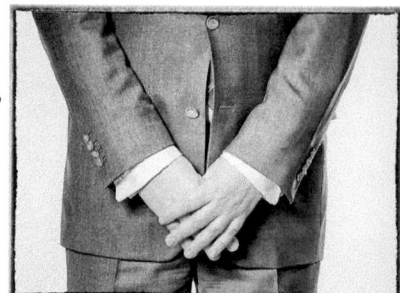

Hände ziehen generell die Blicke auf sich, und so werden Ihnen Ihre Zuhörer dorthin blicken, wo Sie es normalerweise nicht wollen. Vermeiden Sie deshalb diese Haltung und nehmen Sie stattdessen die Hände einfach ca. 20 Zentimeter höher. Oberhalb Ihres Gürtels, locker ineinander gelegt, sind Sie viel besser aufgehoben.

Das Feigenblatt regt sich

Die klassische Freistoßhaltung wird nicht immer stur eingehalten. Gestik will raus – und so führt es immer wieder dazu, dass sich die Hände langsam heben, als würde Sie eine unsichtbare Kraft anheben. Ich nenne das das Feigenblatt. Peinlich, oder?

29. Publikum abwehren und wegdrücken

Einige Gesten sind nicht per se schlecht, da Sie bestimmte Aussagen beinhalten. Die Frage ist viel mehr, ob sie an der eingesetzten Stelle tatsächlich passen und das Gesagte unterstreichen. Oder sagen sie vielleicht sogar genau das Gegenteil dessen, was Sie beabsichtigen? Denn genau das passiert recht häufig.

Nur durch eine leichte Drehung der Hände wird aus einer positiv gemeinten Geste eine abwehrende, bei der die Hände das Publikum quasi wegschubsen.

Natürlich kann das, was Sie auf dem Bild sehen, auch so gemeint sein: Sie schieben etwas an oder drücken es wirklich weg. Oder Sie beschwichtigen Ihr Publikum? Dann passt die Geste natürlich.

30. Die unfreundliche Krake

Nicht unbedingt eine falsche Aussage ist diese Geste auf dem Bild. Doch ist sie schlicht nicht sehr sympathisch. Das teste ich immer wieder vor Publikum. Dieselbe Geste leicht verändert wirkt wesentlich sympathischer:  Der einzige Unterschied dabei ist, dass die Finger nicht gespreizt sind, sondern eine geschlossene Fläche bilden, also aneinanderliegen.

Gespreizte Finger wirken immer ein Stück unsympathischer. Vor allem Frauen neigen übrigens zu dieser Unart. Dabei gibt es so gut wie keine Situation, bei der Sie gespreizte Finger brauchen. Deshalb lautet mein Tipp: Gewöhnen Sie sich an, immer Ihre offene Hand mit aneinanderliegenden Fingern zu nutzen. Kleiner Trick, große Wirkung.

Spreizen Sie die Finger nicht.

Mit der offenen Hand können Sie nicht nur diese Geste sympathischer gestalten. Sie können damit sogar auf jemanden zeigen, was mit gespreizten Fingern oder dem ausgestreckten Zeigefinger nicht geht.

31. Halt! So nicht!

Die Halt gebietende Hand sollten Sie auch wirklich nur einsetzen, wenn Sie *„Halt!"* ausdrücken wollen oder eine ähnliche Aussage wie *„Nein"* oder Abwehr meinen.

32. Zwei Fäuste für ein Halleluja

Eine Faust hat immer etwas Aggressives oder Verkrampftes. Vor allem Letzteres ist sicher auch der Grund, warum so viele Menschen unbewusst eine Faust machen. Es sind die innere Anspannung und oft Unsicherheit, die Fäuste erzeugen. Das wirkt nicht gerade freundlich!

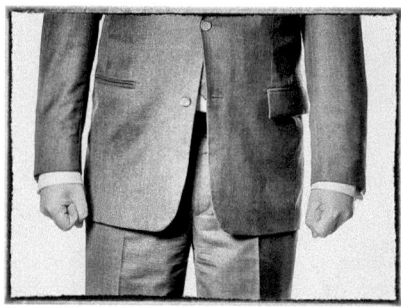

Ob die Faust dabei seitlich neben dem Körper geballt wird, vor der Brust deutlich fürs Publikum sichtbar oder an anderer Stelle, macht kaum einen Unterschied.

Sollte Ihre Aussage jedoch in die Richtung eines Kampfes oder Aufbruchs gehen *(„Gemeinsam packen wir es! Lasst es uns jetzt mit aller Kraft angehen!")*, können Fäuste durchaus passend sein. Entscheidend ist, wie bei vielen Signalen, dass Sie es bewusst und passend zu Ihrer Aussage machen und es nicht unbewusst aus Anspannung passiert.

33. Ihr Publikum klein halten

Wenn Sie bewusst unten und oben zeigen wollen, womöglich etwas nach oben hin deckeln wollen oder etwas abschneiden, ist die auf dem Bild zu sehende schneidende Geste angebracht. Leider ist das eine unbewusste Standardgeste für manche Redner. Der frühere Außenminister Guido Westerwelle hat Sie häufig genutzt.

Aufs Publikum wirkt Sie negativ. Manchmal fast so, als wolle der Redner sein Publikum klein halten und nach unten drücken. Das symbolisiert auch die Geste auf dem rechten Bild.

34. Der Oberlehrer-Zeigefinger

Die fürs Publikum wohl unangenehmste Geste ist der erhobene Zeigefinger. Er erinnert an den Oberlehrer, der uns gemaßregelt hat, schimpfte und obendrein alles besser wusste. Vor allem für Letzteres wird er gerne eingesetzt, meist unbewusst. Er soll das Gesagte unterstreichen und die Bedeutung hervorheben. Dabei bemerkt der Redner nicht, wie unangenehm die Geste wirklich wirkt.

Gewöhnen Sie sich den erhobenen Finger unbedingt ab, wenn Sie nicht besserwisserisch, streng oberlehrerhaft, arrogant oder ermahnend wirken wollen.

Ein ausgestreckter Finger wirkt immer unangenehm.

35. Mit dem Zeigefinger abgeschossen

Ein ausgestreckter Zeigefinger hat auch dann etwas Unangenehmes und Unsympathisches, wenn Sie auf jemanden zeigen. Besonders wenn sie dezent auf jemanden schießen, wie auf dem Bild.

Sogar wenn Sie auf etwas zeigen, der Finger also nicht einmal Richtung Publikum geht, ist es nicht ideal. Viel besser ist es, wenn Sie die ausgestreckte Hand nutzen (ohne die Finger zu spreizen). Probieren Sie es einmal am Flipchart aus. Der Zeigefinger oder die Krake (die Handfläche zum Papier mit gespreizten Fingern) sind unsympathisch, die zum Publikum offene Hand wirkt dagegen freundlich.

Statt mit dem Finger zu zeigen, sollten Sie immer die offene Handfläche einsetzen.

36. Smith & Wesson oder Magnum?

Noch unangenehmer wirkt der Zeigefinger, wenn eine Hand oder beide Hände zur Pistole geformt werden. Das passiert gar nicht so selten! Und wie so oft vollkommen unbewusst. Wollen Sie Ihr Publikum wirklich abschießen?

Pistolen im Halfter

Etwas dezenter und doch ebenso unangenehm sind die seitlich hängenden Pistolen. Ähnlich den geballten Fäusten an dieser Stelle sind sie durchaus ein kleines Aggressionssignal. Gegen das Publikum? Oder ärgert Sie gerade etwas anderes?

37. Pipi-Pistole oder der Penisneid

Besonders lustig fand ich es, als ich das erste Mal die Pipi-Pistole entdeckt habe. Seitdem habe ich Sie nicht gerade häufig, aber doch immer wieder Mal gesehen. Da sind die beiden Hände zu einer großen Pistole geformt, die dann vor dem Schritt hängt. Freud hätte wohl geglaubt den endgültigen Beweis für Penisneid entdeckt zu haben, denn die Geste sehe ich auch bei Frauen.

38. Wenn der Stift zur Waffe wird

Dass ich Ihnen abrate, während des Sprechens einen Stift in die Hand zu nehmen, haben Sie schon zwei Mal gelesen. Insbesondere wenn dieser nämlich zum verlängerten Zeigefinger wird und wie eine Waffe gegen das Publikum geführt wird, ist Schluss mit lustig! Das geht gar nicht!

Ein Stift gegen jemanden gerichtet wirkt wie eine Waffe.

39. Dagobert und das Hackebeil

Als Kind habe ich die „Lustigen Taschenbücher" gelesen. Da gab es Dagobert Duck, der gerne auf dem Sprungbrett seines Geldspeichers stand, bereit, in seinem Geld zu baden. Dabei setzte er zum Sprung an und nahm die Hände in diese, dem Beten ähnliche Haltung. Manche Präsentatoren machen das auch.

Derartige Gesten haben meistens mit Konzentration und Sich-Sammeln zu tun. Manchmal ist es auch ein flehendes Beten, dass das Publikum doch endlich verstehen möge! Aufs Publikum wirken Sie dabei jedoch eher wie Onkel Dagobert. Etwas albern, oder?

Es gibt noch eine Steigerung zu den betenden Händen. Wenn der Redner nämlich die Handflächen zusammenpresst und dann mit Bewegungen ähnlich einem Hackebeil jede seiner Aussagen betont.

40. Markenzeichen Merkel'sches Dach

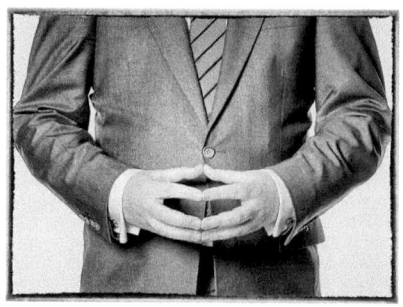

Diese Geste verbindet wohl fast jeder mit Angela Merkel. Die Bundeskanzlerin ist jedoch nicht die einzige. Die Ursache für das sogenannte Dach (auch Schneepflug, Raute oder Pyramide) ist übrigens Konzentration. Das hängt mit den Nervenbahnen zusammen, die in den Fingerkuppen enden. Im Yoga spricht man von den Meridianen, deren Energiekreise geschlossen werden. Frauen machen diese Geste tiefer, Männer nehmen die Hände dabei schon Mal bis vor die Brust.

Aufs Publikum wirkt die Geste jedoch unangenehm. Vermutlich hängt das mit den ausgestreckten und meist gespreizten Fingern zusammen. Anders als in USA – dort wird die Geste als Zeichen von Souveränität sogar empfohlen – hat sie bei uns keinerlei positive Wirkung.

Der Bundeskanzlerin sollte man sie trotzdem nicht mehr abgewöhnen, es ist ihr witziges Markenzeichen.

41. Zeigt her euren Ausstellfuß

Die klassische Deutung eines ausgestellten Fußes ist, dass er einen Fluchtwunsch in diese Richtung anzeigt. Vielleicht stimmt das ja, vielleicht nicht immer.

Sicher ist jedoch, dass kein gerader, aufrechter Stand damit verbunden ist. Deshalb empfehle ich Ihnen, auf ausgestellte Füße oder eine einseitige Gewichtsverlagerung zu verzichten.

Ein schiefer Stand mindert Ihre Wirkung.

Ausgedrehter Fuß

Ähnliches gilt auch für den ausgedrehten Fuß wie in diesem Bild. Als Grundregel könnte man formulieren, dass die Füße noch direkter Ihre Gedanken und Gemütslage zeigen, da mit zunehmender Entfernung zum Gehirn Ihre Körperteile umso ehrlicher sind. Sie können sich besser auf die Körperteile konzentrieren und bewusst steuern, die näher an Ihrer Denkzentrale sind.

42. Ein Bremsfuß wehrt ab

Sehr häufig erlebe ich den noch unsicherer wirkenden Bremsfuß. Er symbolisiert nicht nur: *„Bleibt mir bloß vom Leib!"*, er löst auch jeden sicheren Stand auf.

Insbesondere bei Damen mit höheren Absätzen ist es noch leichter, den Fuss auf den Absatz zu stellen und zu beiden Seiten schwenken. Aber auch bei flachen Schuhen ist er zu sehen. Manchmal hebt sich nur der vordere Bereich, also die Zehen, wenn der Schuh dafür weich genug ist. Oder man sieht die Zehen sich im Schuh auf und ab bewegen.

Achten Sie auf Ihre Füße, sie zeigen Ihre Gefühle.

Das sollte übrigens kein Plädoyer gegen hohe Absätze sein. Im Gegenteil! Meine Empfehlung sind Absätze zwischen 2 und 4 Zentimetern bei Herren und zwischen 3 und 8 bei Damen. Das hat nichts mit Geschmack zu tun, sondern schlicht mit einer besseren Haltung im Stehen und Gehen.

43. Wie einst David: Stand und Spiel

Ein fester Stand zeugt von Selbstsicherheit. Ausgestellte Füße reduzieren diese Wirkung. Der Klassiker ist dabei das sogenannte Stand- und Spielbein. Diese Haltung hat auch der David von Michelangelo. Dabei liegt das ganze Gewicht auf einem Bein, dem Standbein. Das andere wird spielerisch ausgestellt. Bei Damen wird das gerne noch durch einen Hüftknick ergänzt.

Manche denken, das sei nötig, um das Bein ab und zu zu entlasten. Tatsächlich bedeutet es jedoch, dass das andere Bein das volle Gewicht tragen muss. Dieses werden Sie nun bald entlasten wollen. Dadurch kommt es zu einem immer häufigeren Wechsel und zu einer Unruhe im Stand, die Ihre Wirkung zusätzlich reduziert.

Ihre Beine brauchen keine „schiefe" Entlastung.

Wie vieles hat Ihr Stand auch mit Gewohnheit zu tun. Gewöhnen Sie sich an, fest und gleichmäßig auf beiden Beinen zu stehen. Dafür sind wir gebaut. Eine einseitige Entlastung ist nicht nötig. Sie wirkt nur schief und unsicher.

44. Die verklemmte Pipi-Haltung

In meinen Augen die schlimmste Haltung, die überhaupt möglich ist, ist die Pipi-Haltung. Dabei sind die Beine im Stand überkreuzt. Das wirkt nicht nur, als müssten Sie dringend wohin, sondern auch total verklemmt und unsicher. Diese häufig bei jungen Frauen gesehene Stellung sollten Sie unbedingt vermeiden!

Der amerikanische Körpersprache-Guru Joe Navarro sagt, jemand, der so steht, fühle sich sicher, da er eine sofortige Fluchtmöglichkeit ausschließt. Das mag bei Verbrechern gelten – er war CIA- und FBI-Experte – bei Präsentatoren und in den meisten anderen Situationen sieht es schlicht verklemmt aus.

45. Fester Standpunkt auf beiden Beinen

Der sicher wirkende Stand ist eigentlich ganz einfach. Stellen Sie dazu Ihre Füße parallel oder mit den Spitzen minimal nach außen fest auf den Boden. Spüren Sie, dass Sie mit Fersen, Ballen und Zehen gleichermaßen Kontakt haben, quasi geerdet sind. Hohe Absätze verschieben natürlich das Gewicht entsprechend.

Der Abstand zwischen den Füßen sollten ungefähr anderthalb Füßen entsprechen. Das gilt für Männer wie Frauen gleichermaßen. Gerechnet wird mit Fußbreite, nicht mit Schuhbreite. Ein zu breiter Stand wirkt aufs Publikum anmaßend, weil Sie zu viel Territorium beanspruchen. Ein zu enger Stand wirkt unsicher und reduziert auch die Festigkeit Ihres Standes.

Stehen Sie immer fest auf beiden Beinen.

Drücken Sie Ihre Knie nicht nach hinten durch, sondern bleiben Sie flexibel.

Sie dürfen sich auf Ihrer Bühne bewegen, aber bitte bewusst. Unruhiges Tippeln stört ebenso wie unruhige Beine und reduziert Ihre Wirkung. So gehen Sie richtig: Steuern Sie bewusst und ruhig auf einen neuen Platz zu und bleiben Sie dort stehen. Gehen Sie am besten in einer Sprechpause oder passend zu dem, was Sie gerade sagen. Dann stehen Sie wieder fest und gleichmäßig.

46. Hände in passiven Phasen

Ich unterscheide zwischen der passiven und aktiven Grundhaltung. Passiv sind Sie, wenn Sie gerade nicht sprechen. Vielleicht sind Sie nicht alleine auf der Bühne und jemand anderes spricht gerade.

Wenn Sie nicht sprechen- machen Sie auch keine Gestik. Lassen Sie dann die Arme einfach herunterhängen. Sollte Ihnen das eigenartig oder gar unangenehm vorkommen, liegt das einfach nur daran, dass Sie es nicht gewohnt sind. Tatsächlich ist das eine gute Haltung. Und mit ein bisschen Übung werden Sie sich daran gewöhnen. Übrigens haben Sie die Wahl: Auch die aktive Grundhaltung von der nächsten Seite ist in passiven Momenten möglich.

Die passive Grundhaltung eignet sich auch bei offiziellen Gruppenfotos. Sie eignet sich nicht, wenn Sie sprechen, denn dann könnte der Pinguin entstehen (siehe Seite 23, Tipp 15).

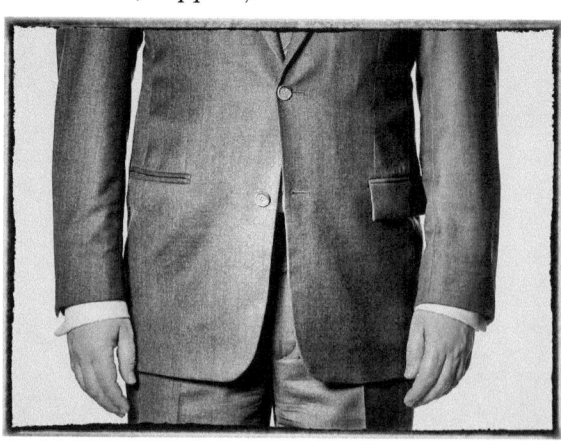

47. Grundhaltung aktive Hände

Die aktive Grundhaltung wirkt entspannt, souverän und sprechbereit. Sie hat den Vorteil, dass Ihre Hände von hier aus perfekt jedwede Gestik zeigen können.

Ihre Hände liegen dabei locker ineinander, knapp auf Höhe des Bauchnabels. Dort bleiben sie natürlich nicht, denn sie sollen ja Ihre Worte mit Gestik untermalen. Unterstreichen Sie Ihre Aussagen mit möglichst vielen Gesten. Wenn Sie gerade keine Gestik machen, sollen Ihre Hände wieder in die Grundhaltung zurückkehren.

> Wenn Sie diese Grundhaltung immer einnehmen, wird sie auch in kritischen Situationen automatisch passieren. Sie wird zu Ihrer souveränen Gewohnheit.

48. Klatschende Hände

Durch den Wechsel zwischen Gesten und Gestenpausen in der Grundhaltung entsteht manchmal eine Bewegung wie beim Klatschen. Allerdings sollte dies langsamer geschehen und vor allem ohne hörbares Geräusch! Und nicht monoton immer wieder.

Oftmals schlagen Präsentatoren die Hände so fest zusammen, dass es wie Klatschen klingt. Leider merkt der Redner das selbst meist nicht, das Publikum wundert sich jedoch.

Unabsichtliche Geräusche von Händen, Gegenständen oder Schuhen und Schritten stören immer.

49. Die zweieinhalbste Grundhaltung

Neben der passiven und der aktiven Grundhaltung gibt es noch eine dritte Variante, mit der Sie souverän wirken. Ich nenne sie die „zweieinhalbste", da sie eine Kombination aus den anderen beiden ist.

Eine Hand ist dabei in der Nähe des Bauchnabels und macht entsprechende Gesten. Die andere hängt passiv an der Seite herab. Vermutlich werden Sie diese Haltung nicht gewohnt sein. Sie kann aber durchaus manchmal hilfreich sein, etwa beim schnellen

Wechsel von Schreiben und Sprechen. Jedes mal den Stift wegzulegen ist dann unpraktisch. Lassen Sie ihn stattdessen in der passiv hängenden Hand. So laufen Sie nicht Gefahr, dass Sie ihn gleich einer Waffe aufs Publikum richten.

Wenn Sie gleich einen kleinen Gegenstand zeigen wollen, im Moment die Aufmerksamkeit aber noch nicht darauf gerichtet sein soll, halten Sie ihn in der passiven Hand versteckt.

50. Souveräne und offene Gestik

Es gibt zwar keine grundsätzlich falsche oder schlechte Gestik, nur eine passende und das Thema unterstreichende Gestik. Oder eine Gestik, die das Thema schlechter darstellt oder ungewollte Botschaften über Sie, Ihre Gefühle und Gedanken ausstrahlt.

Und doch ist es grundsätzlich angenehmer, wenn Ihre Gesten offen sind, das heißt, die Handflächen eher nach vorne und oben gerichtet sind. Je weiter Sie dabei Ihre Arme öffnen, desto offener und überzeugter wirken Sie dadurch.

Die souveränste Gestik ist offen, groß und ruhig.

Nehmen Sie sich doch bei einer Präsentation mit Video auf und achten Sie darauf, was Ihre Handflächen und Arme machen. Wirkt Ihre Gestik insgesamt freundlich? Bilden Ihre Finger eine geschlossene Fläche? Zeigen die Handflächen eher nach oben?

51. Große Gesten überzeugen

Viele Menschen machen recht kleine Gesten. Manche aufgrund ihrer Persönlichkeitsstruktur oder Gewohnheiten. Vor allem aber, wenn der Körper bei Präsentationen sich aufgrund von Nervosität schützen will. Je größer Ihre Gesten jedoch sind, desto überzeugter und überzeugender wirken Sie.

Wenn die Gestik nur aus einer leichten Bewegung der Hände besteht, ist das für eine Präsentation zu wenig. Auch Bewegungen Ihrer Unterarme sind noch nicht genug. Die Schutzhaltung mit eng anliegenden Oberarmen führt dazu, dass Ihre Atmung beeinträchtigt wird. Die Oberarme drücken gegen die Lunge. Da die Atmung mit Ihrer Stimme in direktem Zusammenhang steht, werden Ihr Stimmvolumen und -klang schlechter.

Trauen Sie sich, Ihre Gestik größer zu machen. Es hat nur positive Effekte. Eine gute Gestik kommt direkt aus den Schultern – nicht nur aus den Ellbogen oder gar Handgelenken.

Überzeugende Gestik kommt aus den Schultern.

52. Große Gesten lange stehen lassen

Auf diesem Foto wird gezeigt, wie groß etwas ist. Das ist eine Geste, die man häufig sieht. Handelt es sich um einen Fisch in dieser Größe, ist das perfekt. Handelt es sich um etwas wahrhaft Großes, wird jedoch bei vielen die Gestik auch nicht größer. Warum? Strecken Sie die Arme einfach so weit zur Seite, wie Sie können. Drücken Sie Ihre Ellbogen gerade durch, um echte Größe zu zeigen!

Ich zeige Ihnen das Bild noch aus einem anderen Grund: Derartige Gesten werden oft nur für einen kurzen Moment gezeigt. Das hat nicht nur den Nachteil, dass womöglich Zuhörer die Geste verpassen. Es gibt noch einen wichtigeren Grund, jede Geste länger stehen zu lassen. Je länger Sie Ihre Gesten stehen lassen, desto souveräner – und damit erwiesenermaßen glaubwürdiger und überzeugender – wirken Sie als Person. Das gilt für jede Geste. Es gibt übrigens kein Zuviel an Gesten, nur zu schnelle oder hektische Gesten. Das erscheint dann zu viel. Mein letzter Tipp: Machen Sie so große Gesten wie möglich, so viele wie möglich und lassen Sie die Gesten möglichst lange stehen. So wirken Sie überzeugend!

Lassen Sie Gesten lange stehen – das wirkt souverän.

Nachwort

Und, spricht Ihr Körper schon bewusster? Fallen Ihnen bei anderen mehr Signale auf als bisher? Dann sind Sie auf dem besten Weg, ein großartiger Körpersprecher zu werden. Herzlichen Glückwunsch!

Ich freue mich, wenn Sie mir über Erfahrungen und Erfolge berichten: Buch@Moesslang.com. Und natürlich auch, wenn Sie einmal eine Abweichung zum hier Genannten erleben. Denn Sie wissen ja: Jeder Mensch ist individuell. Er nimmt nach seinen persönlichen Vorlieben wahr und sein Körper spricht anders als andere. Auch wenn vieles sicher ähnlich oder gar gleich ist. Das macht es gerade so spannend.

Viel Erfolg mit Ihren nun ganz sicher sehr viel lebendigeren und überzeugenderen Präsentationen, Workshops, Schulungen und Reden wünscht Ihnen

Ihr *Michael Moesslang*
DER HITCHCOCK DER PRÄSENTATION

PRÄSENTATION

Präsentationen stellen Weichen und entscheiden über Projekte, Aufträge und deren Erfolg. Selbst routinierte Präsentatoren profitieren von diesem Know-how.

KÖRPERSPRACHE

Ob bei Präsentationen oder in jeder anderen Situation: Mit Körpersprache wird überzeugt, Kompetenz, Glaubwürdigkeit und Souveränität gezeigt.

RHETORIK

Die Kunst zu überzeugen liegt nicht nur in den Worten. Rhetorische Fähigkeiten zu haben, ist eine der – wenn nicht die – Schlüsselkompetenz für Erfolg.

LAMPENFIEBER

Bei Präsentationen zeigt es sich häufig und kann Erfolg verhindern. Für sichtbare Zeichen und das unangenehme Gefühl gibt es wirkungsvolle Hilfe.

Michael Moesslang
Der Hitchcock der Präsentation

VORTRAGSREDNER

Als 5 Sterne Redner liebe ich es, Menschen zu begeistern. Ob über Präsentation, Körpersprache, Authentizität oder Lampenfieber – meine Vorträge kommen an. Es gibt sie auf Englisch und natürlich Deutsch.

TRAINER

Die deutsch- oder englischsprachigen Trainings zu den Themen Präsentation, Rhetorik, Körpersprache und Lampenfieber sind auch für Teilnehmer, die schon mehrmals in derartigen Seminaren waren, eine echte Bereicherung.

COACH

Coaching für eine insgesamt bessere Wirkung und weniger Lampenfieber, als Vorbereitung für eine spezifische Präsentation oder Begleitung bei der Vorbereitung zu einem Firmen-Event, ich bin die helfende Hand.

AUTOR

Als Erfolgsautor blicke ich auf mehrere Bücher, zahllose Fachartikel und Online-Publikationen. Mein Know-how gebe ich gerne weiter und unterstütze so Menschen in Organisationen, die sicherer überzeugen wollen.

Michael-Moesslang.de
PreSensation® Institute · 86199 Augsburg · +49 821 65 093 090 · Anfrage@Moesslang.com

Die Sprache ist natürlich
im ersten Moment immer ein Hindernis
für die Verständigung.

MARCEL MARCEAU